Anne Lefeuvre Clelia Ventura

Le Piment d'Espelette

De la corde à la poudre...

RECETTES ET ASTUCES

Barnea Productions

L'origine de la culture du piment reste une longue et belle histoire que l'on m'a racontée mais je ne vous en dirai que quelques mots pour mémoire...
Dans l'ancien Mexique, des Aztèques grands adorateurs du Dieu Soleil cultivaient le piment avec soin : précieux symbole de joie et de beauté. Les indiens en étaient si friands qu'ils s'en servaient même de monnaie d'échange.
Du fait de la conquête espagnole, cette épice raffinée s'implanta en Pays Basque où le soleil est aussi généreux que dans les lointaines contrées de sa mystérieuse origine...
Le piment aurait donc atteint le Labourd via l'Espagne en 1523 dans la vallée de la Nive, grâce à un basque de Guipuzcoa : Gonzalo de Percasteguy, navigateur de son état qui accompagnait Christophe Colomb dans la découverte des Amériques.

Lorsque je suis revenue m'installer dans la ferme familiale où nous sommes restés producteurs de ce fameux piment depuis plusieurs générations, j'ai décidé de lui accorder toute l'attention qu'il méritait.
J'ai donc participé avec bonheur, beaucoup d'investissements et, avec quelques personnes, à l'élaboration et à la mise en place du cahier des charges, des règles de production et de transformation qui ont permis au piment d'Espelette, «Ezpeletako Biperra», d'obtenir ses lettres de noblesse A.O.C. (Appellation d'Origine Contrôlée) en 2000 et AOP (Appellation d'Origine Protégée) en 2002.
Il y a un certain temps, j'ai eu la joie de rencontrer deux femmes tout aussi passionnées par cette épice : Anne Lefeuvre et Clelia Ventura.
De cette passion, elles ont réuni astuces et recettes où elles ont su mettre en valeur toutes les déclinaisons des mille saveurs du piment d'Espelette.
En tant qu'agricultrice et Présidente du Syndicat du piment d'Espelette de 1993 à 2003, l'aventure du piment continue et, je remercie très chaleureusement Anne et Clelia de m'avoir confié la préface de leur livre.

Maritxu Garacotche Lecuona

«Les maisons émergeaient ça et là des arbres. Et partout sur leur balcon de bois, séchaient les citrouilles jaunes d'or, les gerbes de haricots roses ; partout sur leurs murs s'étageaient comme de beaux chapelets de corail, des guirlandes de piments rouges ! Toutes ces choses du vieux sol nourricier, amassées ainsi, suivant l'usage millénaire, en prévision des mois assombris où la chaleur s'en va.»

«Ramuntxo» Pierre Loti 1897

L'histoire du piment d'Espelette, même si elle a débuté grâce à un homme, doit sa pérennisation aux femmes de cette région.

Lors d'une pénurie de poivre, elles utilisèrent ce piment séché pour conserver les viandes et les charcuteries de l'année.

À partir de là, elles ont cherché le meilleur endroit de leur jardin potager pour cultiver cette plante venue d'ailleurs.

Leur solidarité fut leur force, quand l'une d'entre elles échouait dans sa récolte, ses voisines lui fournissaient les précieuses graines pour lui permettre de recommencer l'année suivante.

C'est donc à force de persévérance, d'attention, d'échecs et de réussites, que ces femmes au tempérament tenace, ont su produire une variété particulière de Capsicum annuum, variété Gorria, que l'on connaît de nos jours.

Entre océan et montagne, le piment d'Espelette a su retrouver ses origines tropicales. Grâce à la générosité du sol, à l'abondance du soleil et de la pluie, il s'est adapté à travers les siècles à ce terroir, ce qui en fait toute sa particularité.

Le piment d'Espelette A.O.C. est cultivé par une centaine de producteurs sur dix communes : Aïnhoa, Cambo-les-Bains, Espelette, Halsou, Itxassou, Jatxou, Larressore, Saint-Pée-sur-Nivelle, Souraïde et Ustaritz.

Aujourd'hui, le piment d'Espelette est mondialement connu et reconnu par tous.

Sa force délicate et ses subtils arômes ont séduit tous les amoureux de saveurs.

C'est ainsi qu'on le trouve aussi bien dans la cuisine des grands chefs comme dans celle du quotidien.

Corde de piment d'Espelette

La corde certifiée A.O.C. (Appellation d'Origine Contrôlée) comprend toujours au minimum 20 piments sélectionnés et enfilés par le pédoncule avec de la ficelle. Au bout de trois mois, les piments sont secs. Ils conserveront leur piquant et leurs arômes pendant deux ans environ.
Le piment frais d'Espelette certifié A.O.C. n'est jamais vendu en vrac.

En cuisine...

La corde fraîche :

Ciselez en petits morceaux dans les sauces. Rissolez dans de l'huile avec des oignons.
Pour diminuer l'intensité du piquant du piment frais, prenez soin de bien l'égréner !

La corde sèche :

- Insérez des lamelles en fin de cuisson, elles vont se réhydrater et libérer lentement leurs arômes.
- Mixez les piments avec leurs graines pour confectionner la poudre. Conservez-la ensuite à l'abri de l'air et de la lumière.

Astuces...

- Huile aromatisée : Laissez macérer un piment sec dans un litre d'huile d'olive pendant 15 jours minimum.
- Rôtis : Insérez des morceaux de piments frais ou séchés avec de l'ail.
- Poissons au four : Parsemez de copeaux de piments séchés avant cuisson.
- Hors saison, le piment frais peut être remplacé par la purée de piment.

Poudre de piment d'Espelette

Le piment d'Espelette est récolté d'août à fin novembre.
Il est mis à sécher pendant quelques semaines. Durant cette étape, le piment perd de son piquant et acquiert de nouveaux arômes (foin, tomate, poivron confit...), il modifie aussi sa coloration. Réduit en poudre, il est dégusté et contrôlé par un jury de professionnels pour lui délivrer un A.O.C. (Appellation d'Origine Contrôlée).

En cuisine...

La poudre de piment s'utilise dans tous les mets à la place du poivre. Elle relève tous les plats aussi bien salés que sucrés. Elle réveille les papilles d'arômes nouveaux, son piquant léger est progressif en bouche. Le piment donne ainsi du caractère à la cuisine en faisant ressortir le goût des aliments sans les altérer.
L'idéal est d'ajouter la poudre de piment en fin de cuisson afin d'en préserver tout le parfum.

Astuces...

- Confiture de cerises : Mélangez 5 g de poudre à 350 g de confiture. Servez avec du fromage.
- Sel aromatisé : Mélangez 20% de poudre à 80% de sel fin.
- Beurre aromatisé : Mélangez 125 g de beurre baratté, 10 g de poudre de piment, 1 cuillère à café de fleur de sel.
- Pizza, quiches et pâtes fraîches : Introduisez la poudre dans la préparation de vos pâtes.

Purée de piment d'Espelette

A l'aide d'une centrifugeuse, la pulpe du piment frais est récupérée. La purée est ensuite mélangée avec du vinaigre et du sel.

En cuisine...

Son goût fort et puissant est plus intense que la poudre. Elle relève les plats en sauce et s'utilise plutôt pendant la cuisson. Elle s'emploie comme condiment à la place de la moutarde avec les viandes froides ou grillées. Elle délivre un goût exquis dans les mayonnaises, les farces et les vinaigrettes.

Astuces...

- Vinaigre et moutarde : Ajoutez un soupçon de purée dans chaque condiment.
- Volailles et rôtis : Badigeonnez-les de purée avant cuisson.
- En saison, la purée peut être remplacée par du piment frais.

Gelée de piment d'Espelette

Le piment est infusé avec du sucre auquel on ajoute de la pectine de fruit.

En cuisine...

Condiment sucré, son piquant étant très léger, elle accompagne agréablement les foies gras et les fromages.

Astuces...

- S'utilise en déglaçage des volailles.
- Remplace avantageusement le miel en cuisine.
- Délicieuse en accompagnement des desserts chocolatés.

Confiture de piment d'Espelette

Il existe deux sortes de confitures : la forte et la douce. On prend soin d'égréner et de retirer la membrane orangée intérieure du piment avant la cuisson pour confectionner la confiture douce.

En cuisine...

Elle a une texture fondante et moelleuse avec un léger piquant. Comme un chutney, elle accompagne le foie gras, les fromages, les poissons, les viandes et les charcuteries.
Elle accompagne à merveille les cuisines exotiques sucrées salées.

Astuces...

- Légumes précuits : Mélangez la confiture avec de la crème fraîche, nappez les légumes et mettez au four.
- Charcuteries et fromages : Tartinez vos toasts avant dressage.
- Pâtes et riz : Remplace les sauces sucrées à la tomate.

Entrées

Sardines de Saint-Jean-de-Luz
Tapenade à notre façon
Croquetas
Boudin noir sur Canapé
Mini Pizzas
Piquillos farçis à la Morue
Gaspacho
Garbure
Terrine d'Amatxi
Carpaccio de Canard et Mesclun

Sardines de Saint-Jean-de-Luz

Pour 6 personnes :

Temps de préparation : 15 minutes
Temps de cuisson : 10 minutes

Ingrédients :

- *12 sardines*
- *3 gousses d'ail*
- *10 cl d'huile d'olive*
- *½ piment frais d'Espelette*
- *1 citron*
- *Chapelure*

Faites lever les filets des sardines par votre poissonnier.
Lavez-les et laissez-les sécher sur du papier absorbant.
Epluchez et écrasez les gousses d'ail dans un petit bol.
Ajoutez l'huile d'olive et le piment haché. Mélangez bien.
Huilez les filets avec cette préparation et disposez-les dans un plat allant au four. Saupoudrez de chapelure.
Faites cuire 10 minutes à 240°.
Arrosez de jus de citron. Servez sans attendre.

Tapenade à notre façon

Pour 6 personnes :

Temps de préparation : 15 minutes

Ingrédients :

- *1 boite d'olives noires dénoyautées*
- *1 boite d'olives vertes dénoyautées*
- *2 gousses d'ail*
- *4 anchois marinés à l'huile d'olive*
- *2 cuillères à soupe de câpres*
- *4 cuillères à soupe de tomates concassées*
- *1 cuillère à café de purée de piment d'Espelette*
- *10 cl d'huile d'olive*

Egouttez les olives dans une passoire.
Pendant ce temps, épluchez l'ail en prenant soin d'en ôter le germe.
Passez tous les ingrédients au mixer durant quelques secondes.
Rectifiez l'assaisonnement. Réservez au frais jusqu'au service.
Dégustez avec des morceaux de pain grillé.

Croquetas

Pour 16 croquetas :

Temps de préparation : 15 minutes
Temps de cuisson : 45 minutes

Ingrédients :

- *800 g de pommes de terre*
- *100 g de beurre*
- *2 œufs*
- *2 cuillères à soupe de farine*
- *Chapelure*
- *Sel de Guérande*
- *1 cuillère à café de poudre de piment d'Espelette*

Faites cuire les pommes de terre avec leur peau 30 minutes à l'eau salée. Epluchez-les et écrasez-les en purée. N'y ajoutez aucun liquide !
Séparez les blancs des jaunes d'œufs. Hors du feu, incorporez à la purée les jaunes d'oeufs, 1 cuillère à soupe de farine, le sel et la poudre de piment. Remuez vigoureusement avec une cuillère en bois. Façonnez les croquetas en forme de petites quenelles. Roulez-les dans la farine, puis dans les blancs d'œufs légèrement battus et enfin dans la chapelure.
Faites dorer doucement les croquetas à la poêle, en plusieurs fois, dans du beurre pas trop chaud. Retournez-les avec une cuillère pour ne pas les briser.
Servez bien chaud.

Boudin noir sur Canapé

Pour 6 personnes :

Temps de préparation : 20 minutes
Temps de cuisson : 6 minutes

Ingrédients pour une vingtaine de canapés :

- *300 g de boudin noir*
- *3 cuillères à soupe de confiture douce de piment d'Espelette*
- *1 pomme verte type Granny Smith*
- *1 cuillère à soupe de gelée de piment d'Espelette*
- *1 baguette de campagne*

Découpez la baguette en tranches d'un centimètre d'épaisseur.
Faites griller les morceaux de pain d'un seul côté sous le grill.
Sortez du four. Sur le côté non grillé, étalez la confiture de piment et posez une tranche de boudin ainsi qu'une lamelle de pomme épluchée. Badigeonnez le tout avec la gelée de piment. Réservez.
Repassez le tout au dernier moment sous le grill quelques minutes, le temps que les canapés caramélisent légèrement.
Servez sans attendre.

Mini Pizzas

Pour une douzaine de mini pizzas :

Temps de préparation : 30 minutes
Temps de cuisson : 20 minutes

Ingrédients :

- *300 g de farine de grand épeautre*
- *Huile d'olive*
- *1 cuillère à soupe de thym frais émietté*
- *1 petite boîte de coulis de tomates*
- *3 gros oignons rouges*
- *150 g de fromage de brebis râpé*
- *1/2 cuillère à café de purée de piment d'Espelette*
- *120 g d'olives noires dénoyautées*
- *120 g de piquillos égouttés*
- *Une douzaine d'anchois ou 150 g de jambon de pays*
- *Sel de Guérande*
- *1/2 cuillère à café de poudre de piment d'Espelette*

Dans un grand bol, mélangez 100 g de farine avec 15 cl d'eau tiède et 3 cuillères à soupe d'huile d'olive, le thym émietté, le sel et la poudre de piment. Fouettez ce mélange vigoureusement afin d'éviter les grumeaux. Une fois le mélange bien homogène, versez-y d'un seul coup le restant de farine. Malaxez le tout afin d'obtenir une boule de pâte très souple. Réservez-la sous un torchon.
Mélangez la purée de piment au coulis de tomates. Réservez.
Faites un hachis grossier avec les olives noires, les piquillos et le jambon de pays ou les anchois. Réservez.
Epluchez les oignons et émincez-les en fines lamelles. Faites-les revenir dans un peu d'huile d'olive jusqu'à ce qu'ils blondissent très légèrement. Réservez.
Faites préchauffer votre four à 220°.
Faites une douzaine de boules avec la pâte à pizza.
Sur une feuille de papier sulfurisé, répartissez la moitié de la pâte que vous aurez travaillée en «mini fonds» d'1/2 cm d'épaisseur et de 5 cm de diamètre.
Recouvrez les « mini fonds » de coulis de tomates au piment.
Répartissez dessus successivement le fromage râpé, les oignons et le hachis d'olives noires.
Enfournez cette première plaque durant 20 minutes.
Pendant la cuisson, préparez la deuxième plaque en suivant les mêmes consignes. Réservez.
Une fois la première cuisson terminée, servez ou réservez pendant que vous ferez cuire la deuxième fournée.

Piquillos : variété de poivron produite à Lodosa en Pays Basque.

Piquillos farçis à la Morue

Pour 6 personnes :

Temps de préparation : 30 minutes
Temps de cuisson : 45 minutes

Ingrédients :

Pour les piquillos :

- *18 piquillos en boîte*
- *1 kg de morue salée*
- *2 gros oignons*
- *1 gousse d'ail*
- *3 pommes de terre*
- *3 cuillères à soupe d'huile d'olive*
- *Persil haché*
- *1/2 cuillère à café de poudre de piment d'Espelette*

Pour la sauce :

- *20 cl de crème fraîche*
- *2 échalotes type cuisse de poulet*
- *2 piquillos*
- *Huile d'olive*
- *Sel de Guérande*
- *Poudre de piment d'Espelette*
- *Chapelure*

La veille, faites dessaler la morue dans de l'eau froide en changeant l'eau 5 fois au minimum.
Le jour même, mettez à cuire la morue (peau vers le haut) dans une casserole d'eau froide.
A ébullition, retirez-la, pelez-la et émiettez-la. Réservez.
Faites bouillir les pommes de terre pelées et coupées en 4 dans cette même eau pendant 10 minutes.
Écrasez-les à la fourchette. Réservez.
Faites revenir doucement dans l'huile d'olive, l'oignon et l'ail coupés en morceaux. Ajoutez la morue et les pommes de terre. Remuez et laissez mijoter l'ensemble pendant 20 minutes.
En fin de cuisson, ajoutez la poudre de piment et le persil haché. Réservez.
Egouttez les piquillos, farcissez-les de cette préparation. Réservez dans un plat allant au four.
Pelez et ciselez les échalotes. Faites-les revenir dans l'huile d'olive avec 2 piquillos pendant quelques minutes. Mixez le tout avec la crème fraîche. Salez et parsemez de poudre de piment.
Nappez cette sauce sur le plat de piquillos farçis. Saupoudrez de chapelure.
Faites cuire au four à 180° pendant 15 minutes.
Servez bien chaud.

Gaspacho

Pour 6 personnes :

Temps de préparation : 40 minutes

Ingrédients :

- *1 kg de tomates type cœur de boeuf*
- *1 gros concombre*
- *2 oignons blancs*
- *3 gousses d'ail*
- *1 gros poivron rouge*
- *30 g de mie de pain sec*
- *40 cl d'eau*
- *10 cl de vinaigre de Xérès*
- *50 cl d'huile d'olive vierge*
- *Le jus d'un citron*
- *1 cuillère à soupe de sucre en poudre*
- *Sel de Guérande*
- *1 cuillère à café rase de purée de piment d'Espelette*

Faites tremper la mie de pain dans le vinaigre. Réservez.
Epluchez et épépinez les tomates et le concombre. Coupez en gros cubes et salez. Réservez les tomates dans un bol et le concombre dans une passoire.
Egrénez le poivron. Coupez-le en petits dés. Réservez.
Epluchez et émincez l'oignon. Réservez.
Epluchez l'ail en prenant soin d'ôter le germe central. Réservez.
Mixez les tomates 30 secondes. Réservez dans la soupière de service au frais.
Attention : si les tomates ont rendu de l'eau, celle-ci viendra en remplacement égale à l'eau que vous devrez ajouter en fin de recette.
Sans laver le bol du mixeur, mixez le concombre, le poivron, les oignons et les gousses d'ail. Ajoutez à la purée de tomate en remuant délicatement. Remettez au frais.
Toujours sans laver le bol du mixeur, mettez l'eau ou le jus des tomates, l'huile d'olive et la mie de pain vinaigrée. Mixez quelques secondes de plus. Ajoutez le jus de citron et le sucre. Mixez à nouveau.
Versez le tout dans la soupière en remuant délicatement. Ajoutez la purée de piment. Rectifiez l'assaisonnement. Remettez au frais jusqu'au service.
Servez le Gaspacho très froid accompagné, si vous le souhaitez, de petits croutons aillés, de petits dés de poivrons jaunes, de ciboulette ciselée et d'oeufs durs hachés grossièrement.

Garbure

Pour 6 personnes :

Temps de préparation : 35 minutes
Temps de cuisson : 1h45

Ingrédients :

- *1 beau chou vert*
- *5 pommes de terre à chair ferme type charlotte*
- *4 grosses carottes*
- *2 gros oignons*
- *2 beaux navets*
- *1 branche de céleri*
- *1 petit talon de jambon de pays*
- *250 g de ventrèche*
- *3 cuisses entières de canard confites*
- *350 g de haricots tarbais*
- *3 belles gousses d'ail*
- *2 branches de thym*
- *1 feuille de laurier*
- *1/2 piment frais d'Espelette*

La veille, faites tremper les haricots.
Il faut un minimum de 4 heures.
Cette étape n'est pas utile si les haricots sont frais ou congelés.
Le jour même, rincez les haricots. Réservez.
Epluchez et coupez tous les légumes en gros cubes d'environ 2 cm. Réservez. Coupez le chou en grosses lamelles de 3 cm de largeur en prenant soin d'ôter la partie dure du cœur. Ebouillantez-le pendant 1 minute et égouttez. Réservez.
Ôtez la peau des cuisses de canard et désossez-les. Détaillez en petits morceaux de même taille la ventrèche et le canard. Réservez.
Dans une très grande marmite, faites suer ensemble le talon de jambon, le canard et la ventrèche jusqu'à belle coloration.
Ajoutez tous les légumes découpés et mélangez bien.
Recouvrez généreusement d'eau, portez à ébullition et écumez. Salez peu car les viandes le sont déjà assez. Ajoutez le thym, le laurier et le piment. Baissez le feu et laissez mijoter à feu très doux environ 1h30. N'hésitez pas à ajouter du bouillon si necessaire.
Prélevez une petite louche de bouillon, mixez-y l'ail et mélangez au reste de la marmite.
Coupez en petits morceaux le talon de jambon et poursuivez la cuisson à feu doux durant encore 10 minutes environ.
Rectifiez l'assaisonnement.
Servez avec de grosses tranches de pain de campagne grillées que vous tremperez dans le goûteux bouillon.

Terrine d'Amatxi

Pour 8 à 10 personnes :

Temps de préparation : 15 minutes
Temps de cuisson : 1h30

Ingrédients :

- *500 g de poitrine de porc*
- *200 g de gorge de porc*
- *250 g de foie de porc*
- *3 œufs*
- *20 cl de vin blanc sec type Irouléguy*
- *20 cl de crème fraîche*
- *1 cuillère à café rase de muscade râpée*
- *2 cuillères à soupe de farine*
- *Quelques feuilles de laurier séché*
- *Sel de Guérande*
- *1 cuillère à café de poudre de piment d'Espelette*

Demandez à votre charcutier de passer toutes les viandes au hachoir.
Dès votre retour*, mélangez-les dans un saladier avec la farine, la muscade, la poudre de piment, le sel, les œufs entiers battus au préalable, la crème fraîche et le vin blanc.
Versez l'appareil dans une terrine d'un litre et tassez bien. Disposez deux à trois feuilles de laurier sur le dessus. Posez le couvercle et enfournez à 180° pendant 1 h 30.
La terrine se sert froide dans son récipient de cuisson et peut se garder plusieurs jours au frais.

** Important : Les viandes hachées, surtout le foie, doivent être cuites très rapidement, sinon elles s'altèrent et deviennent très dangereuses à consommer. Faites votre terrine tout de suite en rentrant du marché.*

Carpaccio de Canard et Mesclun

Pour 6 personnes :

Temps de préparation : 30 minutes

Ingrédients *:*

- *2 magrets de canard bien charnus*
- *1 belle poignée de mesclun par personne*
- *3 cuillères à soupe de gelée de piment d'Espelette*

Pour la vinaigrette :

- *1 noisette de purée de piment d'Espelette*
- *1 cuillère à soupe de vinaigre de framboise*
- *1 cuillère à soupe de vinaigre de Xérès*
- *4 cuillères à soupe d'huile d'olive*
- *1 échalote rose émincée*
- *2 cuillères à soupe de cerfeuil haché*
- *Graines de sésame grillées pour la décoration*
- *Poudre de piment d'Espelette*

Ôtez la peau des magrets, enveloppez-les de papier cellophane et mettez-les au congélateur pendant 3 heures.

Préparez votre vinaigrette avec la purée de piment, les deux vinaigres, l'huile d'olive, le sel et l'échalote émincée. Rectifiez l'assaisonnement à votre goût. Réservez.

Une heure avant de servir, découpez en très fines lamelles les magrets durcis. Salez-les légèrement et dressez-les en corolle sur les assiettes de service. Réservez.

Faites fondre doucement la gelée de piment dans une petite casserole. Attendez quelques minutes avant de badigeonner de gelée fondue, au pinceau et avec précaution, la face visible des lamelles de canard. Réservez jusqu'au service afin que la gelée se solidifie.

Au dernier moment, mélangez la vinaigrette au mesclun. Dressez la salade au centre de la corolle de carpaccio. Parsemez de cerfeuil haché, de graines de sésame grillées et saupoudrez légèrement de poudre de piment. Servez avec du pain de campagne grillé.

Poissons

Saint-Jacques aux Asperges
Moules au Piment
Ttoro
Merlu Koskera
Méli-Mélo de Lotte et Légumes
Morue aux deux Sauces

Saint-Jacques aux Asperges

Pour 4 personnes :

Temps de préparation : 40 minutes
Temps de cuisson : 10 minutes

Ingrédients :

- *4 belles coquilles avec leur corail par personne*
- *800 g d'asperges vertes*
- *1 cuillère à café de bicarbonate alimentaire*
- *Huile d'olive*
- *4 cuillères à soupe de gelée de piment d'Espelette*
- *Sel de Guérande*
- *Poudre de piment d'Espelette*
- *1/2 botte de cerfeuil*
- *Crème de vinaigre balsamique*

Epluchez et taillez les asperges afin qu'elles soient de la même longueur.
Passez-les sous l'eau froide et répartissez-les dans le cuit-vapeur.
Saupoudrez-les de bicarbonate et d'un peu de gros sel.
Comptez 4 minutes de cuisson dès que la vapeur commence.
Sortez-les du cuit-vapeur et réservez-les dans un torchon sans les tasser.
Préparez les coquilles Saint-Jacques en les rinçant à l'eau froide.
Séchez-les bien avec du papier absorbant. Réservez.
Ciselez votre cerfeuil. Réservez.
Faites légèrement fondre votre gelée de piment dans une petite casserole. Réservez.
Mettez 4 cuillères à soupe d'huile d'olive dans une sauteuse pour les coquilles et huilez légèrement une deuxième sauteuse que vous utiliserez pour les asperges.
Faites sauter vivement les coquilles durant 1 minute de chaque côté puis baissez le feu.
Vous devrez les retourner 6 fois en tout durant les 4 minutes restantes de cuisson.
Parallèlement, faites dorer très délicatement les asperges. Leur cuisson doit correspondre à celle des coquilles.
Dressez vos assiettes en répartissant les asperges en fagots et les coquilles. A l'aide d'une pipette, déposez l'équivalent d'un petit pois de gelée sur chaque coquille. Parsemez très légèrement de sel de Guérande, de cerfeuil et de poudre de piment. Faites un zigzag de crème de vinaigre balsamique sur les asperges.
Servez sans attendre.

Moules au Piment

Pour 6 personnes :

Temps de préparation : 10 minutes
Temps de cuisson : 15 minutes

Ingrédients :

- *3 kg de moules*
- *4 gousses d'ail*
- *2 cuillères à soupe de persil plat haché*
- *1 feuille de laurier*
- *1 branche de thym*
- *10 cl d'huile d'olive*
- *2 cuillères à soupe de concentré de tomates*
- *20 cl de vin blanc sec type Irouléguy*
- *1 cuillère à café de purée de piment d'Espelette*
- *Sel de Guérande*
- *Poudre de piment d'Espelette*

Epluchez et écrasez l'ail. Réservez.

Grattez et lavez les moules sous l'eau courante en prenant soin d'arracher tous les filaments. Réservez.

Dans une grande cocotte, faites fondre dans l'huile d'olive, l'ail et le persil haché. Ajoutez le concentré de tomates et mélangez bien. Mouillez avec le vin blanc. Ajoutez le thym, le laurier et la purée de piment.

Faites réduire cette préparation jusqu'à obtenir une sauce assez épaisse puis jetez-y les moules.

Faites revenir à feu très vif et à couvert en prenant soin de remuer de temps en temps afin que tous les coquillages s'ouvrent bien.

Rectifiez l'assaisonnement en utilisant le sel et la poudre de piment.

Servez sans attendre avec des frites.

Le concentré de tomates peut être remplacé avantageusement par un concassé de 3 belles tomates fraîches pelées et épépinées. La réduction de la sauce prendra alors un peu plus de temps.

Ttoro

Pour 4 personnes :

Temps de préparation : 30 minutes
Temps de cuisson : 30 minutes

Ingrédients :

- *1 oignon*
- *2 cuillères à soupe d'huile d'olive*
- *3 pommes de terre*
- *800 g de poissons variés parés*
  (rascasse, grondin, baudroie, merlu, bonite…)
- *8 grosses langoustines*
- *1 cuillère à soupe de concentré de tomates*
- *Persil*
- *1 bouquet garni (thym, persil, laurier)*
- *3 gousses d'ail*
- *20 cl de fumet de poisson*
- *Sel de Guérande*
- *Poudre de piment d'Espelette*
- *Croûtons grillés*

Pelez et coupez les pommes de terre en 4. Réservez.
Pelez et émincez l'oignon et l'ail. Réservez.
Préparez un hachis de persil. Réservez.
Coupez les poissons en cube de 4 cm. Réservez.
Faites revenir l'oignon émincé dans l'huile d'olive. Ajoutez les pommes de terre et les poissons tout en remuant délicatement.
Ajoutez le concentré de tomates, couvrez d'eau, salez et mélangez. Incorporez l'ail, le bouquet garni, le persil haché et le fumet de poisson. Faites mijoter doucement pendant 20 minutes.
D'autre part, faites bouillir les langoustines 5 minutes dans de l'eau salée.
Egouttez-les. Reservez.
Déposez les croûtons au fond de la soupière de service et versez la soupe dessus. Assaisonnez avec la poudre de piment. Ajoutez les langoustines.
Servez sans attendre.

Ttoro : soupe de poisson basque, les poissons restent en morceaux contrairement aux autres soupes.

Merlu Koskera

Pour 6 personnes :

Temps de préparation : 30 minutes
Temps de cuisson : 20 minutes

Ingrédients :

- *6 médaillons de merlu*
- *300 g d'asperges blanches en conserve*
- *500 g de petits pois en conserve*
- *1 poignée de palourdes*
- *1 poignée de moules*
- *3 œufs durs*
- *10 cl de vin blanc sec type Irouléguy*
- *1 cuillère à café de purée de piment d'Espelette*
- *4 gousses d'ail*
- *Persil*
- *3 cuillères à soupe de farine*
- *Sel de Guérande*
- *Poudre de piment d'Espelette*
- *Huile d'olive*
- *20 cl de fumet de poisson*

Faites un hachis d'ail et de persil. Réservez.
Salez et farinez les médaillons de merlu. Réservez.
Dans une cocotte, faites ouvrir les moules et les palourdes, conservez leur jus.
Dans une sauteuse, faites revenir les médaillons de merlu dans l'huile d'olive mélangée à la purée de piment durant 2 minutes de chaque côté.
Dans un plat en terre, déposez les médaillons de merlu. Réservez.
Faites revenir pendant quelques minutes le hachis de persil et d'ail dans l'huile d'olive. Saupoudrez de farine, arrosez du jus des coquillages, du vin blanc et du fumet de poisson. Versez sur les médaillons.
Ajoutez les moules, les palourdes, les asperges et les petits pois.
Laissez mijoter à feu doux pendant 10 minutes.
Ajoutez les œufs durs en quartier avant la fin de la cuisson.
Saupoudrez de persil et de poudre de piment.
Servez sans attendre.

Méli-Mélo de Lotte et Légumes

Pour 6 personnes :

Temps de préparation : 45 minutes
Temps de cuisson : 30 minutes

Ingrédients :

- *130 g de queue de lotte par personne*
- *Sel de Guérande*
- *Poudre de piment d'Espelette*
- *Poudre de safran*
- *Huile d'olive*

Pour le méli-mélo de légumes:

- *5 grosses échalotes violettes type cuisse de poulet*
- *6 jeunes poireaux*
- *6 piments doux rouges*
- *Le vert de 4 oignons nouveaux*

Pour le risotto de riz noir:

- *1 gros oignon blond*
- *3 cuillères à soupe d'huile de pépins de raisin*
- *1 verre de 20 cl de riz noir*
- *2 verres de 20 cl de riz basmati*
- *3 verres de 20 cl de vin blanc sec type Irouléguy*
- *3 verres de 20 cl d'eau*
- *2 cubes de bouillon de volaille*
- *150 g de mascarpone*

Détaillez la lotte en tranches de 2 cm d'épaisseur.
Saupoudrez de safran, de sel, de poudre de piment et mélangez. Réservez.
Préparez le méli-mélo de légumes :
Epluchez les échalotes, les poireaux et levez le vert des oignons. Egrénez les piments.
Découpez tous vos légumes en biseaux d'1 cm de large et mélangez.
Réservez jusqu'à la cuisson.
Dans une sauteuse, chauffez un bon fond d'huile d'olive à feu très vif. Quand elle commence à fumer, faites dorer la lotte sur toutes ses faces durant 30 secondes. Réservez.
30 minutes avant le repas : préparez le risotto.
Pelez et hachez l'oignon. Réservez.
Faites bouillir l'eau avec les cubes de bouillon. Réservez.
Dans une sauteuse, faites revenir l'oignon dans l'huile de pépins de raisin. Ajoutez les deux riz en remuant doucement.
Mouillez avec le vin blanc, laissez cuire jusqu'à totale absorption. Ajoutez la moitié du bouillon, remuez et laissez cuire à feu doux. Répétez l'opération jusqu'à cuisson complète du riz.
Eteignez, ajoutez le mascarpone, rectifiez l'assaisonnement, couvrez et réservez.
Dans une sauteuse faites sauter vivement durant quelques minutes les légumes dans l'huile d'olive et salez. Ajoutez les morceaux de lotte. Faites sauter encore deux ou trois tours. Eteignez.
Disposez délicatement le méli-mélo de lotte sur le risotto.
Saupoudrez de poudre de piment. Servez sans attendre.

Morue aux deux Sauces

Pour 6 personnes :

Temps de préparation : 35 minutes
Temps de cuisson : 25 minutes

Ingrédients :

- *150 g de morue par personne*
- *600 g de carottes nouvelles*
- *600 g d'haricots verts*
- *6 petites courgettes jaunes*
- *6 petits navets nouveaux*
- *12 petites pommes de terre à chair ferme*
- *Court-bouillon du commerce*
- *Quelques brins de feuilles de coriandre*
- *Poudre de piment d'Espelette*
- *Sel de Guérande*

Pour la sauce froide n°1 :

- *3 cuillères à soupe de moutarde forte*
- *1/2 cuillère à soupe de purée de piment d'Espelette*
- *1 cuillère à café de poudre d'épices à paëlla*
- *1 pointe de couteau de safran en poudre*
- *1 belle gousse d'ail*
- *1 jaune d'oeuf*
- *20 cl d'huile de tournesol et 10 cl d'huile d'olive*

Pour la sauce froide n°2 :

- *20 cl d'huile d'olive*
- *60 g d'herbes fraîches (thym, ciboulette, aneth)*

Préparez un court-bouillon selon les notifications pour 3 litres et laissez-le refroidir jusqu'à son utilisation.
Préparez la sauce n°1 :
Mélangez la moutarde, la purée de piment, le jaune d'oeuf, les épices et la gousse d'ail épluchée et pressée. Montez la mayonnaise avec l'huile de tournesol et finissez à l'huile d'olive. Réservez au frais jusqu'au service.
Préparez la sauce n°2 :
Dans un bol de service, hachez vos herbes, salez-les, ajoutez l'huile d'olive et mélangez bien. Rectifiez l'assaisonnement. Réservez.
Epluchez, lavez tous vos légumes et découpez-les de façon à les calibrer de la grosseur des pommes de terre.
Faites cuire en premier dans le cuit-vapeur les pommes de terre.
5 minutes après le début de cette cuisson, mettez à cuire le panier de carottes et navets.
Plongez le poisson dans le court-bouillon et amenez à ébullition. Eteignez le feu et couvrez.
Mettez à cuire le dernier panier de courgettes et haricots verts.
Dressez vos assiettes de légumes et de poisson bien égouttés.
Parsemez de quelques feuilles de coriandre et saupoudrez légèrement de poudre de piment.
Servez sans attendre avec les deux sauces.

Viandes

Canette farcie en Cocotte

Pour 6 personnes :

Temps de préparation : 30 minutes
Temps de cuisson : 1h30

Ingrédients :

- *1 canette fermière vidée*
- *2 cuillères à soupe d'huile de pépins de raisin*
- *20 g de beurre*
- *20 cl de vin blanc sec type Irouléguy*
- *4 carottes*
- *4 ou 5 pommes de terre*
- *1 tête d'ail rose*
- *Quelques oignons grelots*
- *Sel de Guérande*
- *Gelée de piment d'Espelette*
- *Thym*

Pour la farce :

- *1 tranche de pain brioché trempée dans du lait*
- *200 g de foie gras frais*
- *5 tranches fines de poitrine de porc*
- *2 échalotes grises*
- *5 figues sèches*
- *1 œuf entier*
- *Sel de Guérande*
- *1/2 cuillère à café de poudre de piment d'Espelette*
- *1 cuillère à soupe d'Armagnac*

Dans un premier temps, préparez la farce.
Faites macérer les figues sèches découpées en dés dans l'Armagnac. Réservez.
Epluchez et ciselez l'échalote. Réservez.
Découpez le foie gras et les tranches de poitrine de porc en dés. Mélangez-les au pain brioché trempé. Ajoutez l'échalote ciselée et les figues macérées. Salez et ajoutez la poudre de piment. Ajoutez au dernier moment l'œuf entier en mélangeant bien.
Farcissez la canette de cette préparation. Cousez les ouvertures avec de la ficelle de cuisine.
Salez la canette et badigeonnez-la de gelée de piment.
Dans une cocotte allant au four, faites dorer la canette dans 2 cuillères à soupe d'huile de pépins de raisin. Réservez.
Retirez l'excédent de gras et déglacez avec le vin blanc. Ajoutez les carottes, les pommes de terre, les gousses d'ail non pelées, les oignons grelots pelés, le thym, le beurre et 20 cl d'eau. Placez la canette au centre sur les légumes. Fermez la cocotte et faites cuire 1h30 à 200°.
Découpez la canette et arrosez-la du jus de cuisson.
Servez dans la cocotte.

Poulet Genièvre et Piment

Pour 4 personnes :

Temps de préparation : 10 minutes
Temps de cuisson : 45 minutes

Ingrédients :

- *1 poulet fermier*
- *4 grosses pommes de terre à chair ferme*
- *3 branches de romarin frais*
- *8 baies de genièvre*
- *1 cuillère à soupe de sauge séchée émiettée*
- *20 cl de vin blanc sec type Irouléguy*
- *1 bol de bouillon de volaille*
- *6 cuillères à soupe d'huile d'olive*
- *Sel de Guérande*
- *1 cuillère à café de purée de piment d'Espelette*
- *Poudre de piment d'Espelette*

Epluchez et coupez les pommes de terre en gros cubes. Réservez.
Découpez le poulet en morceaux et faites-les revenir dans l'huile d'olive.
Ajoutez les branches de romarin, le genièvre écrasé ainsi que la sauge émiettée.
Faites dorer doucement pendant 5 minutes. Mouillez avec le vin blanc tout en remuant.
Ajoutez les pommes de terre et salez.
Laissez mijoter 35 à 45 minutes à feu doux en ajoutant de temps en temps un peu de bouillon de volaille.
Ajoutez délicatement la purée de piment 5 minutes avant la fin de la cuisson.
Rectifiez l'assaisonnement. Saupoudrez de poudre de piment.
Servez sans attendre.

Axoa de Veau

Pour 8 personnes :

Temps de préparation : 15 minutes
Temps de cuisson : 45 minutes

Ingrédients :

- *2,5 kg d'épaule de veau désossée*
- *400 g de piments doux*
- *2 gros oignons*
- *2 cuillères à soupe de farine*
- *Huile d'olive*
- *3 gousses d'ail*
- *Bouquet garni (thym, laurier, persil)*
- *60 cl de vin blanc sec type Irouléguy*
- *2 jaunes d'œufs*
- *1 cuillère à café de purée de piment*
- *Poudre de piment d'Espelette*

Epluchez l'ail et l'oignon et découpez-les en fines lanières.
Egrénez et découpez en lanières les piments doux. Réservez.
Découpez le veau en cubes d'environ 1 cm et farinez-le.
Dans une cocotte, faites-le blondir dans l'huile d'olive.
Une fois bien doré, réservez-le dans un plat au chaud.
Dans la même cocotte, faites revenir doucement l'oignon, l'ail et les piments doux pendant 15 minutes. Ajoutez de l'huile d'olive si nécessaire. Ajoutez le veau, le sel, le bouquet garni, la purée de piment, le vin blanc et couvrez suffisamment d'eau chaude.
Laissez mijoter à feu doux pendant 30 minutes.
Avant de servir, ajoutez les jaunes d'œufs et mélangez.
Saupoudrez de poudre de piment.
Servez ce plat accompagné de pommes de terre vapeur.

Ce plat peut être préparé la veille, il n'en sera que meilleur réchauffé.

Axoa : Plat traditionnel d'Espelette.

Palets aux trois Viandes

Pour 6 personnes :

Temps de préparation : 20 minutes
Temps de cuisson : 50 minutes

***Ingrédients** :*
Pour le coulis de tomates :

- *6 tomates bien mûres type coeur de boeuf*
- *1 gros oignon blond*
- *3 gousses d'ail*
- *2 branches de céleri*
- *2 carottes*
- *Huile d'olive*
- *1 bouquet garni (persil, thym, sauge, laurier)*
- *1 cuillère à café rase de purée de piment d'Espelette*
- *500 g de petits pois frais ou surgelés*

Pour les palets :

- *300 g de boeuf haché gros*
- *250 g de veau haché gros*
- *200 g de chair à saucisse maigre*
- *50 g de pain dur râpé en chapelure*
- *1 échalote type cuisse de poulet*
- *1 oeuf entier*
- *1 cuillère à café de cumin*
- *1 cuillère à café rase de poudre de piment*
- *1 cuillère à soupe de thym frais émietté*
- *Sel de Guérande*
- *30 g de beurre*
- *4 cuillères à soupe d'huile de pépins de raisin*

Dans un premier temps, préparez le coulis :
Dans une cocotte, faites blondir l'oignon haché dans 6 cuillères à soupe d'huile d'olive.
Ajoutez le céleri, les carottes ainsi que les tomates coupées en gros morceaux et le bouquet garni.
Faites cuire à feu assez vif durant 5 minutes. Salez et poursuivez la cuisson pendant 10 minutes à feu très doux. Ajoutez les petits pois. Laissez cuire environ 25 minutes. En fin de cuisson, ajoutez la purée de piment et éteignez. Réservez.
Parallèlement, préparez les palets :
Dans un grand saladier, mélangez les trois viandes avec l'échalote hachée, la chapelure, le cumin, la poudre de piment, le thym, le sel, 2 cuillères à soupe d'huile d'olive et l'oeuf battu.
Rectifiez l'assaisonnement.
Faites 18 palets. Farinez-les et réservez-les.
Faites préchauffer votre four à 150°.
Dans une poêle, faites fondre la moitié du beurre avec deux cuillères à soupe d'huile de pépins de raisin. Faites cuire la moitié des palets à feu vif durant 5 minutes de chaque côté.
Répartissez les palets dans un plat que vous recouvrirez de la moitié du coulis aux petits pois.
Réservez au chaud le temps de répéter l'opération avec les palets restants.
Servez avec des tagliatelles.

Sauté de Porc aux Légumes d'Été

Pour 6 personnes :

Temps de préparation : 30 minutes
Temps de cuisson : 1h10

Ingrédients :

- *1,5 kg d'échine de porc*
- *2 gros oignons blonds*
- *2 aubergines*
- *4 tomates type coeur de boeuf*
- *1 belle courgette verte*
- *1 belle courgette jaune*
- *6 petites pommes de terre nouvelles*
- *5 gousses d'ail*
- *4 belles branches de romarin frais*
- *1 cuillère à entremets de thym frais émietté*
- *1/2 piment frais d'Espelette*
- *12 grosses olives violettes*
- *5 cuillères à soupe de farine*
- *6 cuillères à soupe d'huile d'olive*
- *30 cl de vin blanc sec type Irouléguy*
- *1 cuillère à café de bicarbonate alimentaire*

Découpez l'échine de porc en gros cubes de 4 cm. Réservez.
Pelez les oignons et émincez-les en grosses lamelles. Réservez.
Coupez les courgettes, les aubergines et les tomates en gros morceaux de 3 cm. Réservez.
Egrénez le piment et coupez-le en deux dans le sens de la longueur. Réservez.
Farinez les morceaux d'échine. Réservez.
Dans une cocotte, faites dorer les morceaux de porc avec le piment dans l'huile d'olive.
Saupoudrez de bicarbonate. Ajoutez le romarin et mélangez.
Ajoutez les oignons et faites revenir quelques minutes. Ajoutez tous les légumes les uns après les autres sauf les tomates.
Mouillez le tout avec le vin blanc. Mélangez et laissez cuire 5 minutes.
Ajoutez les tomates, le thym frais et les gousses d'ail non épluchées mais légèrement écrasées et salez.
Fermez la cocotte et faites cuire au four pendant 45 minutes à 200°.
Surveillez la cuisson en ajoutant un peu de bouillon de volaille si nécessaire.
Ajoutez les olives 5 minutes avant la fin de cuisson.
Servez sans attendre.

PIMENT D'ESPELETTE AOC

Selle d'Agneau du Soleil

Pour 4 personnes :

Temps de préparation : 40 minutes
Temps de cuisson : 20 à 25 minutes

Ingrédients :

- *1 selle d'agneau bien charnue*
- *1 grosse poignée de romarin frais*
- *1 tête entière d'ail rose*
- *Sel de Guérande*
- *Poudre de piment d'Espelette*
- *Gelée de piment d'Espelette*
- *Huile d'olive*

La veille, écrasez légèrement toutes les gousses d'ail sans les éplucher. Mettez-les dans un bol, ajoutez le romarin en branche et recouvrez d'huile d'olive. Laissez reposer à température ambiante.
Le jour même, trois heures avant la cuisson, sortez la selle d'agneau du réfrigérateur.
Prenez un pinceau de cuisine et badigeonnez-la de gelée de piment. Réservez.
Une heure avant la cuisson, enduisez l'agneau de l'huile parfumée à l'ail et au romarin.
Réservez sous une feuille d'aluminium jusqu'à la cuisson.
Préchauffez votre four au maximum. Faites cuire l'agneau pendant 15 minutes.
Salez et recouvrez l'agneau de son papier d'aluminium.
Laissez finir de cuire 10 minutes à four éteint.
Découpez et saupoudrez de poudre de piment.
Servez sans attendre.

La cuisson peut être plus ou moins prolongée selon les goûts de chacun.

Légumes

Confit de Cœurs d'Artichauts
Haricots blancs au Chorizo
Légumes façon Plancha
Piperade d'Espelette

Confit de Cœurs d'Artichauts

Pour 6 personnes :

Temps de préparation : 15 minutes
Temps de cuisson : 35 à 45 minutes

Ingrédients :

- *2 paquets de coeurs d'artichauts violets surgelés*
- *Le jus d'un gros citron*
- *2 carottes*
- *2 oignons blonds*
- *50 g de lardons fumés*
- *50 g de lardons nature*
- *50 cl de vin blanc sec type Irouléguy*
- *1 cuillère à café rase de confiture douce de piment d'Espelette*
- *1 cuillère à café rase de confiture forte de piment d'Espelette*
- *20 cl d'huile d'olive*
- *Sel de Guérande*
- *1 cuillère à soupe rase d'épaississant pour sauce*
- *Poudre de piment d'Espelette*

Mettez vos coeurs d'artichauts dans un bol. Arrosez-les du jus de citron et recouvrez-les à peine d'eau tiède. Réservez.
Epluchez et découpez en petits dés les carottes et les oignons. Réservez.
Dans une grande sauteuse, faites revenir dans un fond d'huile d'olive tous les lardons ainsi que le mélange carottes-oignons.
Une fois cette mirepoix bien revenue, ajoutez les artichauts sans leur eau citronnée que vous conserverez néanmoins pour la suite de la cuisson.
Mouillez avec le vin blanc et mélangez délicatement.
Une fois que les artichauts ont bu tout le vin, salez et ajoutez la moitié de l'eau citronnée.
Laissez cuire à petit bouillon pendant 20 minutes.
Au bout de ce temps, testez la cuisson des artichauts avec un couteau. Ils doivent être tendres. Sinon prolongez la cuisson en ajoutant de l'eau citronnée.
Les artichauts doivent toujours baigner dans ce jus que vous épaissirez en fin de cuisson si nécessaire.
Ajoutez les différentes confitures de piment ainsi que l'huile d'olive, 5 minutes avant la fin de cuisson.
Mettez dans le plat de service et saupoudrez très légèrement de poudre de piment.
Servez tiède avec des tranches de pain de campagne.

Haricots blancs au Chorizo

Pour 4 personnes :

Temps de préparation : 10 minutes
Temps de cuisson : 40 minutes

Ingrédients :

- *250 g de haricots blancs secs ou 1 kg de haricots blancs frais*
- *1 oignon piqué de clou de girofle*
- *2 carottes*
- *2 cuillères à soupe d'huile d'olive ou de graisse de canard*
- *Bouquet garni (thym, laurier, persil)*
- *1 gousse d'ail*
- *1 échalote grise*
- *Quelques morceaux de ventrèche et de chorizo*
- *1 petite cuillère à café de bicarbonate alimentaire*
- *Sel de Guérande*
- *Poudre de piment d'Espelette*

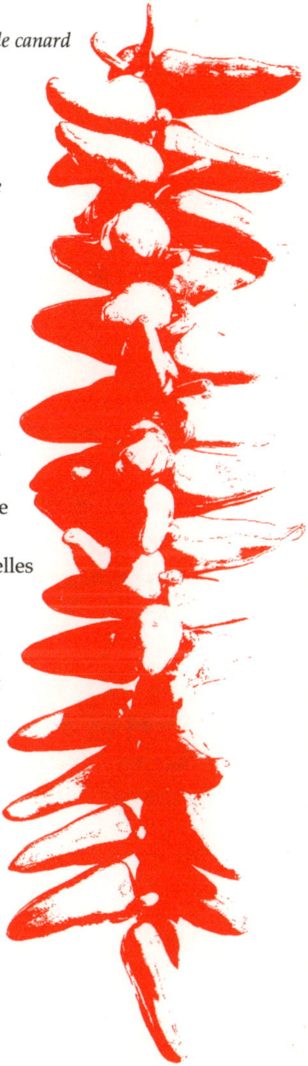

Si vous utilisez des haricots secs, mettez-les impérativement la veille à tremper dans de l'eau froide.
Le jour même, dans une cocotte, versez les 2 cuillères d'huile d'olive ou de graisse de canard.
Faites revenir l'ail, l'échalote hachée, et les carottes en rondelles pendant quelques minutes.
Incorporez les morceaux de ventrèche et de chorizo.
Ajoutez les haricots blancs, le bouquet garni, l'oignon piqué de clou de girofle et la petite cuillère de bicarbonate. Mélangez et couvrez d'eau tiède.
Faites cuire à feu doux pendant 20 à 30 minutes selon la qualité des haricots.
Retirez l'oignon piqué et le bouquet garni.
Avant de servir, salez et ajoutez la poudre de piment.

Cette recette peut être faite avec des haricots rouges en conservant les mêmes ingrédients et temps de cuisson.

Légumes façon Plancha

Pour 6 personnes :

Temps de préparation : 20 minutes
Temps de cuisson : 30 minutes

Ingrédients :

- *300 g de courgettes*
- *300 g de poivrons*
- *250 g de fenouil*
- *150 g d'oignons rouges ou blancs*
- *200 g de tomates ou 100 g de tomates confites`*
- *150 g d'asperges vertes*
- *200 g de pleurotes ou de champignons de Paris*
- *Huile d'olive*
- *3 gousses d'ail*
- *Thym, sarriette, basilic*
- *Sel de Guérande*
- *Poudre de piment d'Espelette*
- *Copeaux de fromage de brebis ou de parmesan*

Les légumes peuvent être cuits soit sur une plancha, à défaut dans une poêle très chaude.

Dans un premier temps, faites blanchir les asperges durant 2 minutes et égoutez-les. Réservez.

Lavez et séchez les autres légumes. Taillez-les en lamelles d'une épaisseur d'environ 5 mm.

Faites un fin hachis avec l'ail, le basilic, le thym et la sarriette. Réservez.

Huilez légèrement la plancha ou la poêle avec l'huile d'olive.

Cuisez séparément chaque légume durant 5 minutes en les retournant fréquemment.

Réservez-les dans un plat tenu au chaud.

N'hésitez pas à les humecter pour éviter qu'ils brûlent. Les légumes doivent rester croquants.

Parsemez l'ensemble du hachis d'herbes.

Saupoudrez de sel et de poudre de piment.

Parsemez de copeaux de fromage de brebis affiné ou d'un soupçon de parmesan.

Servez sans attendre.

Piperade d'Espelette

Pour 6 personnes :

Temps de préparation : 20 minutes
Temps de cuisson : 40 minutes

Ingrédients :

- *1 kg de tomates bien mûres type cœur de bœuf*
- *250 g de piments doux*
- *2 gros oignons*
- *2 gousses d'ail*
- *Thym*
- *2 cuillères à soupe d'huile d'olive*
- *1 morceau de sucre*
- *Sel de Guérande*
- *1 cuillère à café de purée de piment*
- *6 œufs*

Epluchez l'ail et l'oignon. Réservez.

Egrénez et coupez en morceaux le piment doux. Réservez.

Pelez et épépinez les tomates. Réservez.

Dans l'huile d'olive, faites revenir l'ail, l'oignon et les piments pendant 15 minutes à feu doux.

Incorporez les tomates, le thym, le morceau de sucre et la purée de piment. Salez et laissez mijoter à feu doux durant 25 minutes.

Dans un saladier, fouettez les œufs en omelette et salez.

Juste avant de servir, liez les œufs dans la piperade.

Sans incorporer les œufs, ce mélange de légumes peut accompagner du riz blanc, des pâtes, de la volaille grillée ou du poisson.

Desserts

Abricots « Salés Sucrés »

Pâte à Tartiner aux deux Chocolats

Cookies « Chocopimentés »

Chaud-froid d'Ananas

Tartelettes d'Automne

Abricots «Salés Sucrés»

Pour 6 personnes :

Temps de préparation : 15 minutes
Temps de cuisson : 5 minutes

Ingrédients :

- *1 abricot bien charnu par personne*
- *200 g de fromage de chèvre frais*
- *1 cuillère à entremets de confiture forte de piment*
- *1 cuillère à soupe de gelée de piment*

Découpez les abricots en deux et ôtez le noyau.
Tapissez très légèrement le fond de chaque oreillette avec la confiture de piment.
Remplissez-les ensuite de fromage de chèvre et disposez une pointe de gelée sur chaque abricot.
Passez-les au grill durant quelques minutes.
Servez avec du pain de campagne grillé.

Pâte à Tartiner aux deux Chocolats

Pour deux pots de confiture :

Temps de préparation : 10 minutes
Temps de cuisson : 10 minutes

Ingrédients :

- *100 g de chocolat noir*
- *100 g de chocolat au lait*
- *200 g de crème fraîche*
- *50 g de beurre salé*
- *100 g de sucre semoule*
- *½ cuillère à café rase de purée de piment d'Espelette*

Dans un grand bol en verre, concassez le chocolat. Ajoutez tous les autres ingrédients sauf la purée de piment que vous incorporerez en fin de cuisson.

Faites fondre au bain-marie pendant quelques minutes. Mélangez vigoureusement.

Ajoutez la purée de piment et remettez à cuire quelques secondes ou plus afin d'obtenir une pâte bien homogène. Mélangez à nouveau avant de mettre en pot.

Laissez refroidir et gardez au frais. Pensez à sortir votre pâte à tartiner de votre réfrigérateur quelques minutes avant de servir.

Pour les plus gourmands, vous pouvez également ajoutez à votre préparation 50 g de pralin.

Cookies «Chocopimentés»

Pour une quinzaine de cookies :

Temps de préparation : 15 minutes
Temps de cuisson : 10 minutes

Ingrédients :

- *300 g de farine tamisée*
- *100 g de beurre salé*
- *2 oeufs entiers*
- *140 g de sucre roux*
- *1 paquet de sucre vanillé*
- *1 paquet de levure chimique*
- *1 cuillère à café rase de poudre de piment d'Espelette*
- *100 g de pépites de chocolat noir*
- *80 g de noix de Macadamia*

Préchauffez votre four à 180°.

Faites fondre le beurre salé. Réservez.

Dans un saladier, mélangez la farine, la poudre de piment, le sucre roux, le sucre vanillé et la levure.

Ajoutez les oeufs en une seule fois et mélangez vigoureusement.

Versez le beurre fondu et mélangez à nouveau afin d'obtenir une pâte assez souple.
Incorporez les pépites de chocolat et les noix de Macadamia concassées.

Faites de cette boule de pâte un rouleau d'environ 4 cm de diamètre.

Découpez ensuite des tranches de 2 cm d'épaisseur.

Sur une plaque allant au four recouverte de papier sulfurisé préalablement graissé, répartissez la moitié de vos tranches de pâtes à cookies. Enfournez pendant 10 minutes.

Une fois cuits, faites-les refroidir sur une grille.

Servez-les tièdes ou froids selon votre goût.

À la sortie du four, les cookies sont toujours mous et ils durciront en refroidissant. Si toutefois vous les aimez bien croquants, laissez-les cuire 2 à 3 minutes de plus.

Chaud-froid d'Ananas

Pour 6 personnes :

Temps de préparation : 20 minutes
Temps de cuisson : 10 minutes

Ingrédients :

- *1 ananas mûr à point*
- *1 cuillère à café de sucre roux par tranche d'ananas*
- *1 paquet de sucre vanillé*
- *Le zeste râpé d'un citron non traité*
- *50 g de beurre*
- *2 cuillères à soupe de gelée de piment d'Espelette*
- *300 ml de glace à l'abricot*
- *300 ml de glace à la vanille*
- *Quelques feuilles de verveine fraîche*

Découpez 6 petits rectangles de glace à l'abricot et 6 de glace à la vanille. Réservez au congélateur.
Ciselez la verveine. Réservez.
Ôtez la peau de l'ananas. Découpez-le en deux dans le sens de la hauteur, enlevez le centre fibreux et faites des tranches d'un petit centimètre d'épaisseur.
Dans deux larges poêles, faites fondre le beurre avec le zeste de citron râpé et le sucre vanillé. Quand le mélange mousse, disposez vos tranches d'ananas que vous saupoudrerez de la moitié du sucre roux. Faites cuire à feu vif 2 à 3 minutes puis retournez les tranches d'ananas et saupoudrez le restant de sucre. Ajoutez un peu de beurre si nécessaire. Laissez cuire le temps que vos tranches caramélisent.
En toute fin de cuisson, répartissez la gelée de piment sur les ananas et éteignez le feu.
Dressez dans vos assiettes 2 rectangles de glace : 1 de vanille et 1 d'abricot.
Posez dessus vos ananas pimentés ainsi que leur jus caramélisé. Parsemez de verveine ciselée.
Servez sans attendre avec de fines tuiles aux amandes.

Tartelettes d'Automne

Pour 6 personnes :

Temps de préparation : 30 minutes
Temps de cuisson : 20 minutes

Ingrédients :

Pour la pâte brisée :

- *300 g de farine*
- *150 g de beurre*
- *6 cuillères à soupe de lait*
- *1 cuillère à soupe de sucre en poudre*
- *1 sachet de sucre vanillé*

Pour la compote :

- *400 g de pommes*
- *400 g de poires*
- *50 g de cerneaux de noix*
- *100 g d'abricots secs*
- *100 g de pruneaux dénoyautés*
- *20 g de raisins secs*
- *1 gousse de vanille*
- *1/2 piment frais d'Espelette*
- *2 cuillères à soupe de cannelle*
- *100 g de sucre*
- *15 g de beurre*
- *50 cl de rhum*

La veille, faites macérer les fruits secs (abricots, pruneaux, raisins secs) coupés en dés dans le rhum. Réservez.
Le jour même, préparez la pâte brisée.
Faites tiédir le lait et le beurre dans une casserole.
Dans un saladier, mélangez la farine, le sucre et le sucre vanillé. Ajoutez-y le lait et le beurre tiédi.
Mélangez rapidement jusqu'à l'obtention d'une boule bien souple. Réservez.
Pelez et coupez en morceaux les pommes, les poires et le piment égréné.
Faites fondre le beurre avec le sucre et la gousse de vanille ouverte. Ajoutez les pommes, les poires et le piment. Faites caraméliser légèrement et ajoutez les fruits macérés. Incorporez la cannelle et les cerneaux et mélangez. Laissez refroidir.
Etalez la pâte aux doigts dans les moules à muffin. Garnissez de compote et recouvrez d'un cercle de pâte. A l'aide d'un pinceau, humectez les bords avec du lait et fermez bien les gâteaux. Badigeonnez la surface de lait. Faites cuire 30 à 35 minutes à 220°.
Servez tiède avec une boule de glace vanille ou de la crème anglaise.

Les auteurs remercient chaleureusement Maritxu Garacotche Lecuona pour son appui et sa respectable caution ; Patrick Ithurria et Ramuntxo Lecuona pour leurs conseils «pimentés» ; Le syndicat du piment d'Espelette pour son aide ; Irène Larronde pour sa souriante présence ; Pascale Gueslot pour son amitié sincère et généreuse ; Pantxika Martinez-Castillo pour son œil photographique ; Claude Billès pour son flegme catalan ; Jacques Lefeuvre et Anne-Marie Lalague en tant que premiers lecteurs et relecteurs ; Dominique Dupuis «grand mamamouchi» de cette Histoire ; Jack Marchal pour son indéfectible soutien.

Les auteurs remercient également leurs familles et leurs proches qui les ont accompagnés tout au long de cette aventure épicée !

A tous...
Salute, Pace e Amore

Anne Célia

Crédits photographiques :

Pascale Gueslot, Pantxika Martinez-Castillo,
banque d'images du Syndicat du Piment d'Espelette
et collection privée de Maritxu Garacotche-Lecuona

Barnea Productions
31, rue Philippe Veyrin
64500 Saint-Jean-de-Luz
Tel: +33 981 08 32 14
e-mail : barneaproductions@gmail.com

Contact presse : Jack Marchal : +33 623 39 96 48
e-mail : jack.marchal797@gmail.com

Conseiller en charge de la commercialisation:
Dominique Dupuis: +33 687 83 20 23
e-mail : dom.dupuis@wanadoo.fr

Maquette et illustrations: Claude Billès
www.lestudiob.com

imprimé en CE par :

GRÁFICAS ULZAMA

Mentions légales
n° ISBN 978-2-9539392-0-0
dépôt légal mai 2011

www.barnea-productions.com